Ioannis Alexiadis

Der Stupiditätsquotient

Eine Untersuchung verschiedener Typen menschlicher Dummheit

ISBN Softcover: 978-3-384-03872-2
ISBN Hardcover: 978-3-384-03873-9
ISBN E-Book: 978-3-384-03874-6

Druck und Distribution im Auftrag des Autors:
tredition GmbH, Halenreie 40-44, 22359 Hamburg,
Germany

Inhalt

Einleitung

Wenn Menschen jemand anderen als dumm bezeichnen, ist es in der Regel ihre Absicht ihn zu beleidigen oder eine Meinungsverschiedenheit auszudrücken. Sich mit dem Thema der menschlichen Dummheit, fernab von der Satire, intellektuell auseinanderzusetzen wirkt daher auf den ersten Blick unpassend oder oberflächlich, weil Menschen in die Schublade eines Dummkopfs gesteckt werden. Wer jedoch Carlo Cipollas Buch „Prinzipien der menschlichen Dummheit" liest, merkt schnell, dass eine tiefere Wahrheit in der Kategorie der dummen Person liegen muss.

Es sind zwei Personen die maßgeblich die Ideen dieses Buches beeinflusst haben. Neben Carlo Cipolla, dessen Definition und Prinzipien der menschlichen Dummheit als Ausgangsbasis für weiterführende Überlegungen übernommen werden, ist Nassim Taleb zu nennen, der auf das Prinzip „Skin in The Game" aufmerksam macht, das für die Konsequenzen und den Umgang mit Dummheit hochrelevant erscheint.

Nassim Taleb merkt an, dass es für uns Menschen schwierig ist nicht nach Erklärungen zu suchen und die Dinge so zu sehen wie sie tatsächlich sind. Ich hatte eingangs Ideen den Stupiditätsquotienten als ein Maß zu beschreiben, das aufsteigend eine höhere Dummheit indiziert. Ich habe die Idee verworfen. Es ist nicht das was wir aus Cipollas Überlegungen und der Definition von Dummheit ableiten können. Ich habe versucht mich strikt an Cipollas Prinzipien zu halten und zusätzliche Komplexität soweit es geht zu vermeiden.

Dieses Buch beginnt mit grundlegenden Überlegungen zu menschlicher Dummheit und Intelligenz. Im zweiten Abschnitt werden die Faktoren kurz erläutert die Dummheit ausmachen, während im dritten Kapitel vier typische Kategorien in die dumme Menschen fallen können, vorgestellt werden. Im letzten Kapitel werden schließlich diverse Ideen besprochen, mit denen die Konsequenzen menschlicher Dummheit abgemildert werden könnten.

Grundlegende Überlegungen

Carlo Cipollas Prinzipien der menschlichen Dummheit

Der Wirtschaftshistoriker Carlo Cipolla hat aus dem Studium seiner Mitmenschen und der Geschichte fünf grundlegende Gesetze menschlicher Dummheit abgeleitet:

1. Die Anzahl dummer Personen wird in einer Gesellschaft immer unterschätzt.
2. Die Wahrscheinlichkeit dass eine Person ein Dummkopf ist, ist unabhängig von anderen Charakteristiken dieser Person.
3. Idioten verursachen Schäden für andere Menschen, ohne selber einen Vorteil daraus ziehen zu können und schädigen sich womöglich dabei selbst.
4. Intelligente Menschen unterschätzen stets die Gefahr die von Idioten ausgeht.
5. Eine dumme Person ist die gefährlichste Art von Person. Sie ist gefährlicher als ein Krimineller.

Cipolla definiert eine dumme Person als jemanden der anderen Schaden zufügt, ohne einen eigenen Vorteil daraus ziehen zu können und der sich dabei sogar selbst schadet. In einem Diagramm, das auf der X-Achse den eigenen Schaden/Nutzen und auf der Y-Achse den Schaden/Nutzen anderer durch die Aktionen einer Person darstellt, entstehen vier Quadranten. Die Intelligenten nutzen der Gesellschaft und sich selbst. Zum Beispiel Unternehmer, die ihren Mitmenschen helfen ein Problem zu lösen und dabei selber reich werden. Die Kriminellen sichern sich einen Gewinn, indem sie einer anderen Person Schaden zufügen. Die Hilflosen werden von den Kriminellen ausgenutzt. Sie erleiden einen Schaden, von dem die Kriminellen profitieren. Die Dummen erleiden wie eingangs beschrieben Verluste ohne, dass irgendjemand aus ihren Aktionen einen Gewinn mitnehmen kann. Genau das macht sie unberechenbar und gefährlich.

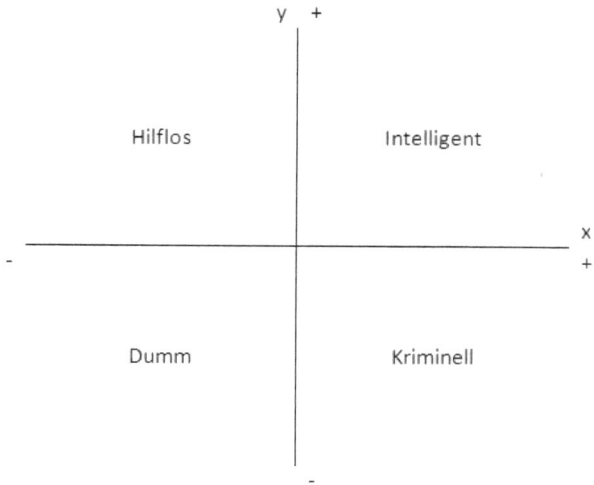

Carlo Cipollas Diagramm, das der Definition von Dummheit zu Grunde liegt

Der IQ als pseudowissenschaftliches Intelligenzmaß

Der Intelligenzquotient (IQ) wird von Behörden, Medien und Unternehmen an vielen Stellen bedenkenlos genutzt, ohne seine Sinnhaftigkeit in Frage zu stellen. Jüngst hat Nassim Nicholas Taleb in einem Online-Artikel auf den pseudowissenschaftlichen Charakter des IQ hingewiesen. Der IQ misst nicht die Intelligenz eines Menschen. Er ist ein Maß für mentale Beschränkungen, da er nur bei einem geringen Wert ein relevantes Maß darstellt. Taleb hat IQ-Studien untersucht und massive statistische Mängel festgestellt. Bei einem hohen IQ-Wert steigt die Varianz und die Aussagekraft des Intelligenzquotienten sinkt auf ein Minimum. Doch selbst bei geringem IQ ist dieser als Filter nutzlos, da es andere, einfachere Methoden des Aussiebens gibt, zum Beispiel der Lebenslauf bei der Bewerberauswahl.

Anstatt zu versuchen Intelligenz zu messen ist es daher ratsamer der Via Negativa zu folgen. Dummheit ist wesentlich einfacher erfassbar als Intelligenz. Das Kriterium sollte für jeden lauten, ein Nicht-Idiot zu sein.

Unintelligenz ist keine Dummheit

Dummheit ist nicht das Gegenteil von Intelligenz. Bei einer bestimmten Aufgabe zu scheitern ist einer mangelnden Kompetenz in diesem Bereich geschuldet. Jemand der unintelligent handelt, verursacht mit einer Aktion mehr Schaden, als er Nutzen bringt. Betrachtet man Cipollas Diagramm stellt sie einen Punkt dar. Eine Person kann in einem Aufgabenfeld intelligent sein, während sie in einem anderen komplett versagt.

Dummheit beschreibt etwas völlig anderes. Ein Mensch kann nicht in allen Aufgaben über alle Domänen hinweg fähig sein und wird regelmäßig scheitern. Er lernt aber aus seinem Unvermögen.

Wenn ich nicht intelligent bei einer Aufgabe bin, vermeide ich es als nicht-dummer Mensch diese ohne eine Absicherung durchzuführen. Wenn ich damit bereits gescheitert bin, werde ich vorsichtiger in dem Kontext agieren. Gleiches gilt nicht für einen Dummkopf. Er wiederholt sein gefährliches Verhalten. Dumme Menschen agieren konsistent unintelligent. Ein Idiot besteht darauf etwas zu tun, zu dem er nicht fähig ist und dabei Schäden verursacht, weil er blind gegenüber seiner Unfähigkeit ist oder sie ihm egal ist. Es ist seine Einstellung, die einen Dummkopf charakterisiert und nicht primär seine physischen oder mentalen Fertigkeiten.

Der Stupiditätsquotient

Wenn eine dumme Person konsistent schädliches Verhalten ohne einen eigenen Vorteil an den Tag legt, dann spielt sich ihr Wirken im dritten Quadranten in Cipollas Diagramm ab.

Cipolla schlägt vor den gewichteten Durchschnittswert der Aktionen einer Person als Punkt in das Diagramm einzufügen. Da die dumme Person konsistent dumme Aktionen durchführt wird dieser Punkt zwangsläufig im dritten Quadranten angesiedelt sein. [1] Was mir an dieser Stelle fehlt, ist ein Maß das die Konsistenz des schädlichen Verhaltens einbezieht. Ein Dummkopf wird als Ortsvorsteher des Hundehalterverbands nicht denselben Schaden anrichten, wenn er in die Position des Bundeskanzlers versetzt wird. Dummheit skaliert. Diese Unterschiede in der Größenordnung gehen in einem gewichteten Durchschnittswert unter und können mit einer Kurve besser abgebildet werden.

Der Stupiditätsquotient (SQ), wir repräsentieren ihn mit dem Symbol β, drückt das Verhältnis von verursachtem Eigenschaden zu verursachten Fremdschaden aus. Es ist kein hierarchisches Maß, sondern dient der Einteilung von Idioten in Kategorien. Bei kleinem β schadet sich die dumme Person am meisten selbst und Menschen in ihrem näheren Umfeld. Ist β groß, tragen andere Menschen den Hauptschaden und der Verursacher kommt eher glimpflich davon.

---

[1] Eine einzelne Aktion/Position mit sehr hohem negativen y ist zwar kein Beweis, aber ein sehr starker Indikator für Dummheit.

Die Beziehung sieht folgendermaßen aus:

$$y = \beta x - s$$

Dabei ist

y: Fremdschaden

x: Eigenschaden

β: Verhältnis von Eigen- zu Fremdschaden den der Idiot mit seinem Verhalten verursacht. (Rechnet neben tatsächlichen auch potentielle Schäden mit ein.)

s: Skin-in-the-Game-Barriere, Schaden den der Dummkopf für sich selbst verursacht, bevor der Schaden auf andere übertragen wird (positives s); bzw. verursachter Fremdschaden, bevor sich die dumme Person selbst schadet (negatives s).

Bei positivem x kann laut Gleichung der Dummkopf ein Held werden oder sehr erfolgreich sein. Solche Verläufe sind beim Dummkopf auf reines Glück zurückzuführen und nur kurzfristig realistisch. Auf lange Sicht wird sich das x zwangsläufig in den negativen Bereich bewegen und das y mit sich reißen.

Ein Finanzverwalter, der eine riskante Anlagestrategie wählt, kann kurzfristig durch Glück hohe Gewinne einfahren, aber handelt er langfristig so unbedacht, wird er das Geld seiner Kunden verlieren. Nehmen wir als weiteres Beispiel an, dass ein dummer Krimineller für 100 Euro einen Ladenbesitzer tötet. Kurzfristig ist sein x positiv, langfristig gesehen muss er aber ins Gefängnis und sein x rutscht ins Minus.

Daher können wir für unsere Gleichung zusätzlich folgende Bedingungen festlegen:

$$y = \beta x - s \quad | \ (x < 0; y < 0)$$

Determinanten des Stupiditätsquotienten

Am Ende seines Buches stellt Carlo Cipolla dem Leser Diagramme als Vorlagen zur Verfügung, um die Menschen mit denen einer verkehrt einzuschätzen. Menschen in dieses Diagramm einzuordnen, stellt einen vor das folgende Problem. Dummheit offenbart sich oft erst im Nachhinein, da die Konsequenzen einer Handlung entscheidend sind. Das heißt für die Menschen, die ihre dummen Taten noch nicht begangen haben, fehlt uns ein Maß. Wir müssen nämlich auch potentielle Schäden miteinbeziehen, um einem Dummkopf auf die Spur zu kommen. Glücklicherweise können wir aus einem langen Schatz der Erfahrung mit Dummheit, unsere Beobachtungen verallgemeinern und Determinanten definieren, die das Wesen von Dummheit und die potentiellen Gefahren daraus beschreiben. Dieses Kapitel soll diese kurz zusammenfassen.

Narren des Zufalls

In seinem Buch „Narren des Zufalls" beschreibt Nassim Taleb seine Erfahrungen mit Händlern an der Börse, die ihr Glück für Können hielten und am Ende einen hohen Preis für ihre Selbstüberschätzung zahlen mussten.

Eine der Stärken von uns Menschen ist es Muster zu erkennen. Leider laufen wir aufgrund dieser Stärke in einigen Situationen in die narrative Falle. Narren des Zufalls lassen sich von Beobachtungen täuschen. Daten der Vergangenheit haben keine Relevanz für Prognosen der Zukunft. Idioten unterschätzen die Rolle des Glücks und vertrauen auf Prognosemodelle oder ihre eigene Intuition in Entscheidungssituationen, in denen diese nichts zu suchen haben. Was sie beobachten wird in ein Narrativ übersetzt das sie verstehen können, das aber nicht die Realität abbildet. Die Welt eines Jägers und Sammlers war früher einfacher und übersichtlicher. Wir sind biologisch nicht optimiert in den komplexen Umgebungen zu leben, die wir heutzutage vorfinden.

Naiver Optimismus und naiver Pessimismus

Dumme Personen übertreiben gerne, wenn auch auf unterschiedliche Weise.

Naive Pessimisten behindern Fortschritt. Sie übertreiben kleinere Probleme, übersehen Chancen und Potentiale, glauben unkritisch an Verschwörungstheorien oder beschuldigen leichtfertig andere Menschen. Von ihnen stammen Aussagen wie, „Es bringt doch eh nichts", „Das System ist nicht reformierbar", „Alles und jeder ist korrupt" oder „Alles Rassisten".

Naive Optimisten ignorieren Gefahren a la „Was kann denn schon passieren.", oder „Die Methode ist sicher." Sie pflegen einen naiven Reduktionismus und unterschätzen die Komplexität dynamischer Umgebungen.

Eine Konsequenz dieser verzerrten Wahrnehmung ist, dass sich Ideen jenseits von klug und dumm befinden. Jede gute Idee wird früher oder später von einem Dummkopf gekapert. Egal wie gut durchdacht oder originell ein Einfall ist, in der Hand eines Idioten wird daraus eine tickende Zeitbombe.

Die dumme Tat

Woher rührt diese Selbstüberschätzung? Warum handelt jemand konsistent unintelligent?

Neben der angesprochenen Naivität werden dumme Taten auch aus Ignoranz begangen. Wir unterscheiden drei Abstufungen:

1. Fahrlässig handeln (Naivität und Ignoranz erster Ordnung)

2. Mutwillig zerstören und beleidigen (Ignoranz zweiter Ordnung)
3. Irrglauben etwas „Gutes" zu tun (Naivität zweiter Ordnung)

Jemand agiert dumm wenn er sich nicht absichert und nicht über mögliche Risiken seiner Aktionen nachdenkt. Diese Fahrlässigkeit ist eine Mischung aus Ignoranz und Naivität erster Ordnung. Die dumme Person erzählt sich Geschichten, dass alles gut werden wird und übersieht Gefahren die auf sie und ihre Mitmenschen zukommen.

Die Ignoranz erster Ordnung beschreibt destruktives Verhalten. Der dummen Person ist der verursachte Schaden egal. Sie blendet ihre Verantwortung ebenso wie die Konsequenzen ihrer Ignoranz bewusst aus.

An die zukünftige Entwicklungen und Risiken zu denken und zu glauben diese bestimmen zu können, obwohl sie nicht bestimmbar sind, stellt die Naivität zweiter Ordnung dar. Solche Leute neigen außerdem dazu die durch ihre Handlungen verursachten Schäden zu unterschätzen und den Nutzen zu überschätzen.

Domänenabhängige Dummheit

Nun kommt man nicht umhin anzumerken, dass manche Menschen multiplikative Risiken in einem Bereich erkennen, sie aber in einem anderen Kontext ignorieren.

Das heißt, die Leute erkennen die Gefahr der einen Ideologie, ignorieren aber die einer anderen. Oder sie verstehen die multiplikativen Risiken einer Infektionskrankheit, während diese der Gentechnik ihnen nicht einleuchtet. Diese Domänenblindheit rührt daher, dass ein mentaler Filter die Übertragung blockiert.

Innerhalb einer Gruppe teilen Mitglieder Kategorien miteinander, die eine komplexe Welt zu stark vereinfachen. Mit der Zeit filtern sie ihre Umwelt allesamt auf gleiche Weise. Sind die geteilten Kategorien blind gegenüber realen Bedrohungen wird damit Dummheit innerhalb der Gruppe weitergegeben.

Dumme Personen erkennen einen konkreten Bedrohungsfall, verstehen aber nicht die Idee dahinter (z.B. die besondere Gefahr multiplikativer Risiken).

Mehr Bildung stellt für keinen dieser Fälle eine Abhilfe dar. Dummheit kann auch von hochgebildeten Menschen auf mehrere Domänen übertragen werden. Im Gegenteil bekommt der Dummkopf mehr Selbstbewusstsein durch seinen Bildungsstatus und überschätzt seine Fähigkeiten dadurch noch stärker.

Dummheit ist ansteckend

Da die Kategorien nach denen man filtert übertragbar sind, muss es, vergleichbar zur Schwarmintelligenz, so etwas wie eine Schwarmdummheit geben, die sich wie eine Epidemie verbreiten kann. Dummheit ist multiplikativ. Idioten lassen sich leicht durch die Masse oder eine Ideologie vereinnahmen. Eine solche Epidemie kann eine kleine Gruppe, oder eine komplette Gesellschaft erfassen. Innerhalb von Organisationen können geschützte Ökosysteme entstehen, in denen Dummköpfe gedeihen können.

Für die Gruppenbildung kann man davon ausgehen dass Idioten mit einem $\beta > 1$ extrem ansteckend sind. Aufgrund ihrer Ambitionen haben sie die größte Reichweite. Zu den wichtigsten Infektionsherden zählen Schulen, Behörden, Universitäten oder Medieneinrichtungen. Und zu den typischen Berufen der Überträger gehören daher Lehrer oder Journalisten.

Die Übertragung von Dummheit zwischen Menschen erfolgt wesentlich schneller als die Übertragung von Intelligenz. Ein wesentlicher Faktor für diese Asymmetrie ist Bullshit. Der Informatiker Alberto Brandolini postulierte, dass das Widerlegen von Bullshit eine Größenordnung mehr Energie erfordere als dessen Produktion. Das bedeutet, dass oberflächliche und potentiell gefährliche Ansichten nicht effektiv im Nachhinein bekämpft werden können. Gesellschaften müssen im Vorfeld Vorkehrungen treffen um die Effekte von Dummheitsepidemien abzumildern.

Die Typologie des Dummkopfs

Ebenso wie es eine Vielzahl an Persönlichkeiten gibt, gibt es in der Praxis Unmengen an möglichen Kurven denen Idioten folgen können. Dieses Buch erhebt nicht den Anspruch alle Arten von Idioten anzuführen, sondern ein paar typische Verläufe darzustellen, die eine Idee vom Wesen der menschlichen Dummheit vermitteln helfen.

Ein Dummkopf lebt und handelt nicht isoliert von anderen Menschen. Die Konsequenzen menschlicher Dummheit entstehen durch die Interaktionen zwischen Idioten und Nicht-Idioten in einer Gesellschaft. An einer Katastrophe sind oft mehrere Typen von Idioten in einem komplexen Wechselspiel beteiligt. Der individuelle Umgang mit ihnen ist aber an den jeweiligen Typ gebunden. Dieses Kapitel soll vier Kategorien von Idioten kurz vorstellen. Die Ableitung der einzelnen Kategorien aus Cipollas Diagramm ist in folgender Tabelle abgebildet. Eine genauere Beschreibung folgt in den Unterkapiteln.

Kategorie	Beschreibung	Beispiel
I	$\beta > 0$ Naivität und Ignoranz erster Ordnung Bedrohungsradius lokal begrenzt	
II	$1 > \beta \gg 0$ Nervensäge Intolerant Ignoranz zweiter Ordnung	
III	$\infty \gg \beta > 1$ Intolerant Naivität und Ignoranz zweiter Ordnung Anfällig für Ideologien Prominenter Vertreter: Robespierre	
IV	$\infty \geq \beta$ Risiko des Eigenschadens begrenzt Naivität zweiter Ordnung Anfällig für Pseudowissenschaft Prominenter Vertreter: Arthur de Gobineau	

Kategorie-I-Idiot

Ein typischer Mitläufer. Lässt sich vom Hype mitreißen. Pflegt eine Naivität erster Ordnung. Er schadet in erster Linie sich selbst und Menschen in seinem unmittelbaren Umfeld. Hat keine Ambitionen Verantwortung in größerem Rahmen zu übernehmen oder seine Ideen universell durchzusetzen, daher ist sein Bedrohungsradius lediglich lokal angesiedelt.

Es ist die einzige Art von Dummheit für die Hoffnung auf Heilung besteht, zum Beispiel weil die dumme Person in jungen Jahren naiv war und im späteren Leben durch Erfahrung dazu gelernt hat.

Kategorie-II-Idiot

Weist Züge eines Erbsenzählers oder Nerds auf. Behindert die Entwicklung einer Organisation, durch seine ständigen Nörgeleien und seinen unbegründeten Pessimismus. Bauscht kleine Probleme auf und verschwendet damit Ressourcen, die anderweitig genutzt werden könnten. Kann extrem toxisch und Nerv tötend sein. Er lässt seine Wut gerne in Sozialen Medien raus.

Kategorie-II-Idioten sind sauer wenn andere einem „religiösen Aberglauben" anhängen oder ihre tollen „Erkenntnisse" ignoriert werden. Durch ihre Ignoranz kommen sie früher oder später aufs Abstellgleis, aber richten bis dahin viel Schaden an.

Kategorie-III-Idiot

Für ihn selbst ist der Schaden nicht begrenzt. Er ist bereit für seine (dämliche) Sache eigene Opfer zu bringen. Er leidet sowohl unter einer Naivität als auch Ignoranz zweiter Ordnung. Daher neigt er zu Domänenblindheit und Radikalisierung. Zu dieser Kategorie zählen Selbstmordattentäter, manche politische Aktivisten oder auch Soziopathen.

Er ist genauso intolerant wie der Kategorie-II-Idiot aber im Gegensatz zu ihm kein Einzelkämpfer. Er glaubt an seinen sozialen Auftrag andere Dummköpfe um sich zu scharen und mit ihnen in das Zentrum der Macht zu marschieren.

Kategorie-IV-Idiot

Mit seiner Naivität zweiter Ordnung befürwortet er multiplikative Risiken. Der potentielle Schaden den er verantwortet betrifft Millionen oder Milliarden von Menschen und reicht von „Was kann denn schon passieren wenn wir unser Erbgut manipulieren", zu „Dieser Adolf wirkt doch eigentlich ganz nett. Ich weiß nicht was die alle haben.", bis „Hoppla, das war ja der Knopf für die Atombombe". Der Schaden den er für sich selbst in Kauf nimmt ist aber beschränkt, während er Risiken für andere eingeht, die keine Begrenzung aufweisen.

Er pflegt eine tiefe Überzeugung für seine Sache, würde sich für seine Mission aber niemals gegen die Mehrheit richten. Im Gegensatz zum Kategorie-III-Idioten hat er bessere Chancen seine zu verantwortende Katastrophe zu überleben und daher ist er, langfristig betrachtet, der gefährlichste Idiot für die Gesellschaft.

Eine simple Heuristik

Den Stupiditätsquotienten zu bestimmen ist schwierig, da sich Dummheit erst im Nachhinein offenbart. Die Faktoren unter denen Dummheit wirkt, ändern sich regelmäßig, weil jemand befördert wird oder eine neue Technologie Marktreife erlangt. In so einem Umfeld kann man sich nie sicher sein, wie der Dummkopf sich in einem Jahr verhalten wird. Eine einfache Heuristik kann aber Abhilfe schaffen.

Es müssen lediglich zwei Fragen beantwortet werden:

- Ermitteln Sie zuerst die Ihnen bekannte Entscheidung, die eine Person getroffen und sich dabei selbst den größten Schaden zugefügt hat. Wie groß ist der Fremdschaden, der mit dieser Entscheidung einhergeht?
- Jetzt tragen Sie die Entscheidung ein, bei der sie den größten Fremdschaden verursacht hat und ermitteln den Schaden, den sie selbst davon getragen hat.

Anschließend einfach die beiden Punkte miteinander verbinden, schon haben Sie ein β für diese Person. Diese einfache Heuristik ist nicht perfekt, aber die Kategorien sind extra breit gewählt, um der Komplexität des Themas gerecht zu werden.

Die Entscheidungen sollten in einem voneinander unterschiedlichen Kontext oder Umfeld getroffen worden sein, mit einem gewissen zeitlichen Abstand. Auch potentielle Schäden können berücksichtigt werden, wenn die Person Entscheidungen befürwortet oder propagiert, die laut unserem Erfahrungsschatz hochgefährlich sind (siehe Kapitel 2).

Als kleine Unterstützung für die Bestimmung des Fremd- und Eigenschadens sind im Folgenden ein paar typische Merkmale dummer Personen angeführt. Je mehr dieser Punkte zutreffen, desto größer der erwartete Fremd- oder Eigenschaden, den eine Person anrichtet. (In Klammer ist die typische Kategorie für die jeweilige Eigenschaft angegeben.)

Eigenschaden

- Er erkennt nicht die Notwendigkeit sich selbst gegen ruinöse Risiken abzusichern.
- Glaubt an Modelle und Prognosen die „Experten" aufstellen (I).
- Greift seine Gegner aggressiv an (II & III).
- Hat keine Angst seine Meinung zu sagen (II & III).
- Er ist Soldat, Polizist, Krankenschwester oder vergleichbares (I & II).

Fremdschaden

- Er erkennt als Entscheidungsträger nicht die Notwendigkeit die Gesellschaft gegen ruinöse Risiken abzusichern.
- Befeuert gesellschaftliche Konflikte, politisiert jede Krise und jede Alltagssituation (II & III).
- Besitzt hohe Motivation Dinge zu „verbessern" (III & IV).
- Er erstellt Modelle, die er für Prognosen nutzt (IV).

- Ist nicht in der Lage komplexe Fragestellungen in verschiedenen Skalen zu betrachten / zu unterscheiden (III).
- Behält seine Unsicherheit für sich, weil er glaubt andere dadurch zu verunsichern, obwohl diese Bedenken hochrelevant wären (IV).
- Er ist Politiker, Aktivist oder vergleichbares (III).
- Er ist Akademiker, Bürokrat oder vergleichbares (IV).

Eigen- und Fremdschaden

- Glaubt vom Flugzeugingenieur lernen zu können, wie man ein Flugzeug fliegt.
- Wählt für eine Bedrohung eine Kategorie, die ihm bekannt ist, bevor er sie eingehend studiert.
- Trifft Annahmen die nicht zutreffen / naiv sind / ein bestimmtes Verhalten voraussetzen.
- Präferiert komplizierte Lösungen weil sie „wissenschaftlicher" oder „moderner" sind als einfache Lösungen.
- Er erkennt Muster, ist aber nicht in der Lage relevant von irrelevant zu unterscheiden.
- Leidet unter Bullshit-Gläubigkeit, den von anderen und seinen eigenen.

Exkurs: Die Bedeutung eines negativen β

Bei der Anwendung der Heuristik kann sich als Ergebnis ein negatives β ergeben. Dies bedeutet: wenn der Idiot harmlos für andere ist, schadet er sich selbst und wenn er sich selbst nicht schadet, schadet er anderen.

Solche Menschen sind ein Spiegelbild gewöhnlicher Dummköpfe. Während gewöhnliche Idioten nichts (von Tragweite) tun sollten um Schaden für die Allgemeinheit abzuwenden, müssen diese Menschen selbst Opfer bringen. Ihr Nicht-Schädigen anderer geht mit einer Selbstschädigung einher. Ansonsten ist ihr Verhalten äquivalent mit den β+ Idioten zu sehen.

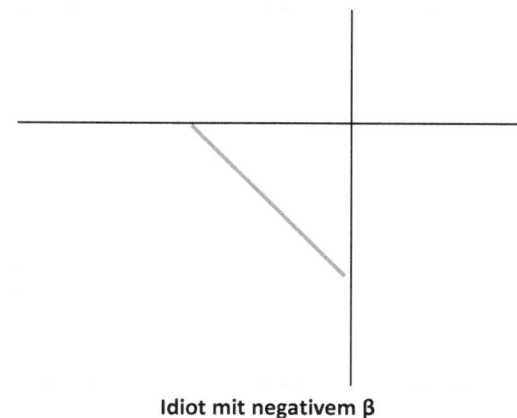

Idiot mit negativem β

Manche Menschen haben einen Hang zur (Selbst-)Zerstörung und dieser wird in ihrem Stupiditätsquotienten reflektiert.

Charaktere der Dummheit

Vor mehr als 2000 Jahren hat Theophrastus, ein Schüler des Aristoteles, sein Werk „Charaktere" verfasst, in dem er die typischen Schwächen und das Fehlverhalten von Menschen beschreibt, wie er sie während seiner Lebzeiten beobachten konnte. Liest man durch die dreißig Charaktere, wird einem bewusst, dass die von ihm beschriebenen Typen genauso gut heute leben könnten. Eine Typologie wie die des Theophrastus ist zeitlos.

Inspiriert durch Theophrastus haben seit dem 17. Jahrhundert weitere Autoren Charakterstudien angefertigt. Von Joseph Hall bis La Bruyère haben diese Autoren ihre Zeitgenossen aus ihrer Perspektive typologisiert und jeweils zeitlose Aspekte des Menschseins mit der Beschreibung des Alltagslebens und der Moden ihrer Zeit vermischt. Durch diese Epochen hindurch finden sich wiederkehrende Charakterelemente, die aufzeigen, dass der Mensch bleibt wie er ist. In gleicher Weise bleibt eine Typologie dummer Charaktere unbeeinflusst von Raum und Zeit. Sie sterben nie aus, verlernen ihre Dummheit nicht und bleiben ihrem Charakter treu.

Aus diesem Grund werden wir uns die im vorhergehenden Kapitel beschriebenen Typen an dieser Stelle etwas genauer ansehen. Die Charaktere sind vielschichtig und es ist unübersehbar dass sich seit Theophrastus Lebzeiten nicht viel verändert hat in der Charakterisierung des Menschen.

Der Musterfinder

Er glaubt er ist schlau und nennt es Wissenschaft wenn er ein Muster „entdeckt" hat. Es ist egal ob er als Treiber der Geschichte die Rasse, Klasse, Kultur, oder Religion von Menschen ansieht, seine Theorien sind stets dumm und gefährlich. Er bleibt theoretisch und setzt sich daher selbst keinem Risiko aus, liefert aber die ideologische Grundlage für alle anderen Charaktere der Dummheit. Beim Musterfinder handelt es sich um eine Version des Intellektuellen-Idioten, wie in Nassim Taleb skizziert hat.

Der Naivling

Er glaubt tatsächlich, dass Sprache das Bewusstsein verändert oder Handel demokratische Machtstrukturen erzeugt. Er wird Unmengen an Energie und Ressourcen an sinnlose Projekte verschwenden und elementare Vorsorgemaßnahmen vernachlässigen. Was er einfach nicht verstehen will ist dass sich Menschen das nehmen was ihnen gefällt oder sie interessiert und Botschaften ignorieren, die in diesen Dingen „mittransportiert" werden. Mit seinem Scheitern konfrontiert, stiehlt er sich aus der Verantwortung für seine Unterlassung und Verschwendung, weil sie „unwahrscheinlich und nicht vorhersehbar war", „Erwartungen nicht eingetreten sind" oder „die Götter dran schuld seien".

Der Kurzsichtige

Er unterstützt Menschengruppen und baut auf deren Unterstützung, die sich zwangsläufig irgendwann gegen ihn wenden werden. Die Vergangenheit beginnt für ihn erst mit seinem Eintritt in das Bildungswesen, was ihn unfähig macht potentielle Gefahren zu erkennen. Er macht sich Feinde durch seine primitiven und nicht durchdachten Äußerungen. Sein Defekt führt ihn dabei zu so erstaunlichen Erkenntnissen wie der, dass weiße Schokolade rassistisch sein muss oder eine Ablehnung der diktatorischen Demokratie Freiheit bedeutet.

Der Neomane

Er wählt stets Technologie vor Erfahrung, Ideen vor Weisheit, das Neue vor dem Alten. Sein Motto: "Neu ist immer besser". Indem er die Vergangenheit bedingungslos ablehnt und die Revolution vorantreibt, trägt er aber dazu bei die Institutionen zu zerstören, die für den gesellschaftlichen Fortschritt in erster Linie verantwortlich waren. Seine Offenheit fürs Neue bedeutet im Umkehrschluss auch eine Offenheit für Gefahren für ihn selbst, in Form von Drogen, Technologien oder Strategien.

Der Philoponer

Der Philoponer relativiert Tragödien und Verbrechen. Scheinheilig setzt er sich für Unterdrücker ein, obwohl er behauptet stets auf der Seite der Unterdrückten zu stehen. Mit fadenscheinigen Argumenten rechtfertigt er Verbrecher weil sie angeblich "gezwungen seien so zu handeln", an ihren Taten "die Gesellschaft schuld sei" oder sie "provoziert" wurden.

Der Eiferer

Er ist sehr engagiert bei der Verteidigung seiner Demokratie, Nation oder Kultur. Ob er auf der richtigen oder falschen Seite der Geschichte steht ist dabei unerheblich. Weil er dumm ist wird er seine Gegner mit lächerlichen Argumenten angreifen und sie somit stärken. Unfähig Nuancen zu erkennen, greift er Unschuldige an und diskreditiert dadurch seine vielleicht noblen Werte und

Ziele. Sein Fokus ist die Irrelevanz und seine Superkraft die Ignoranz.

Der Lumpen-Akademiker

Formal gesehen ist er eigentlich kein anerkannter Akademiker, sondern lediglich ein Mitglied der alternativen Akademie des Bullshits. Er glaubt weil er drei Artikel online gelesen hat, wäre er der Experte in Politik, Sport oder Gesundheitsfragen. Seine Ignoranz käme einem komödiantischen Meisterstück gleich, wäre sie nicht gleichzeitig traurig und obszön.

Der Dummschwätzer

Er kann wohlklingende Geschichten erzählen, der aber jegliche Substanz fehlt. Wäre er nicht dumm, wäre ihm bewusst, dass er ein Betrüger ist, denn er verlangt für quasi Nichts, Geld, Zuspruch oder Anerkennung. Durch seine leeren Worthülsen entsteht ein intellektuelles Schneeballsystem, das unsere Kultur ärmer und dumme Menschen dümmer macht.

Der Hitzkopf

Er fühlt sich schnell gekränkt und versucht unmittelbar Rache zu üben ohne zu beachten dass er sich damit selbst schadet und seine Schwächen offenbart. Ein überlegtes Vorgehen ist für ihn ein Fremdwort. Dabei geht er das Risiko ein, (versehentlich) auch Unbeteiligten Schaden zuzufügen. Man kann ihn unbeherrscht aber auch verzweifelt nennen, denn tief in ihm drin ahnt er, dass er eigentlich zu schwach ist um etwas entgegensetzen zu können. Aber ein ureigener Instinkt treibt ihn reflexartig zur dummen Tat.

Der Einfaltspinsel

Als eine harmlosere Version des Naivlings, wird dieser Zeitgenosse jenen folgen, die ihm das wohlklingendste Narrativ präsentieren können. Unfähig die fundamentalen Prinzipien des Überlebens zu verstehen wird er das Geld, die Zeit und die Nerven seiner selbst und seiner Liebsten bis zum Anschlag strapazieren und aufs Spiel setzen.

Der Abzeichen-Sammler

Er jagt einem Abzeichen hinterher, wie ein Hündchen einen Stock und merkt nicht dass er dadurch anderen den Weg blockiert. Seine Sammelwut ist nicht nur eine Belastung für den Steuerzahler, sondern bindet wichtige Ressourcen, die bei der Förderung fähiger Menschen fehlen.

Die Heulsuse

Wir alle wissen, dass dumme Menschen existieren. Anstatt diesen Sachverhalt für sich gewinnbringend auszunutzen beschwert sich die Heulsuse andauernd über die Dummheit ihrer Mitmenschen. Dadurch verschwendet die Heulsuse das wertvollste Gut das Menschen besitzen können: Zeit. Letztendlich dient dieses Meckern aber nur als Ausrede für ihr eigenes Versagen und ihre Unfähigkeit.

Umgang mit Dummheit in der Praxis

Es ist wichtig zu betonen, dass die Gefahr durch Dummheit nicht bedeutet, dass dumme Menschen keinen Platz in dieser Welt haben. Sie sind vielmehr im falschen Umfeld aufgehoben.

Im letzten Kapitel wird beschrieben, welche Möglichkeiten dumme Menschen selbst und die Gesellschaft für die Eindämmung der Konsequenzen menschlicher Dummheit besitzen

Die SITG-Barriere

Idioten werden für ihre Mitmenschen sehr gefährlich, weil die Position die sie in der Gesellschaft einnehmen sie gefährlich macht.

In der Gleichung $y = \beta x - s$ ist das β nicht beeinflussbar, das s schon. Das β ist eine dem Idiot innewohnende Eigenschaft, während s eine Eigenschaft des Systems ist, in dem der Idiot handelt. Menschen sind wie sie sind. Systeme können hingegen so konstruiert sein, dass sie Schaden abwenden indem Skin in the Game (SITG) vorhanden ist. Menschen verändern ihr Verhalten, wenn sie erhöhtem Risiko ausgesetzt werden, außer sie sind dumm. SITG wirkt unterschiedlich auf dumme und nicht-dumme Personen. Während ein fä-

higer Mensch vorsichtig agiert und dadurch Schaden abwendet, verhindert ein auf SITG basieren-
des System Schaden, indem es die dumme Person
bestraft. Bürokratie sorgt aber für ein negatives s
durch Trennung von Handlung und Konsequenz
und somit für die Straflosigkeit von Dummheit.
Die überbordende Bürokratie hat unser Gesell-
schafts-Gefüge durcheinander gebracht und es
liegt an uns, unsere Ökosysteme wieder in Ordnung zu bringen.

Das Ziel von Maßnahmen zum Schutz vor Idioten ist aus der Gruppenperspektive, das s in der
Gleichung zu erhöhen, damit jede Person zuerst
einen Eigenschaden erleidet, bevor sie Fremdschaden anrichtet. Im alten Rom mussten zum Beispiel
Ingenieure unter der Brücke stehen die sie errichtet
hatten, während sie zum ersten Mal befahren
wurde. Sie wären die ersten gewesen, die bei einem Brückeneinsturz sterben würden, hätten sie
schlampig gearbeitet.

Wenn wir die Idee der SITG-Barriere weiter-
denken, können Kategorie-I-Idioten in einem System ohne SITG sehr hohen Schaden anrichten. Ein
Bürokrat oder Soldat des NS-Regimes der lediglich
Befehle ausführt ist an Verbrechen von einer Größenordnung beteiligt, die er eigenständig niemals

begehen würde. Eine Ansammlung solcher Kategorie-I-Idioten kann verheerend sein, weil der Schaden den sie verursachen sich aufsummiert, wenn in einem System kein SITG implementiert ist. Umgekehrt kann ein Kategorie-IV-Idiot in einem System das ein hohes SITG erfordert, gar keinen Schaden anrichten, bevor er sich selbst einer großen Gefährdung aussetzt (siehe Abbildung 2 und 3).

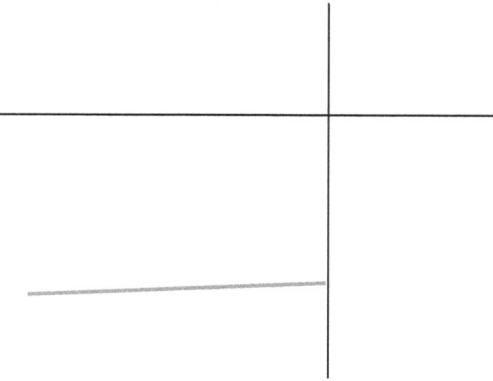

Konzentration von Kategorie-I-Idioten mit negativem s

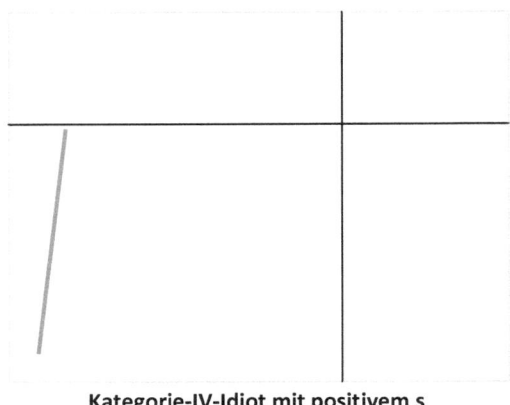

Kategorie-IV-Idiot mit positivem s

Ursache für ein stark negatives *s* von Kategorie-I-Idioten sind Entscheidungen auf höheren Hierarchieebenen. Schließlich führen Kategorie-I-Idioten lediglich die Befehle ihrer Vorgesetzten aus. Bei den Entscheidungsträgern hinter dummen Aktionen handelt es sich entweder um Kategorie-III oder Kategorie-IV-Idioten. Als Konsequenz sollten bei jeder Art von Organisation die einzelnen Dummkopf-Kategorien voneinander getrennt werden. Ein Kategorie-IV-Idiot darf niemals Macht über Kategorie-I-Idioten erlangen.

Zu dieser Problemstellung würde der Vorschlag von Nassim Taleb passen, der eine Begrenzung der Lebensdauer von Institutionen fordert. Indem eine

Institution ein Ablaufdatum hat, wird verhindert dass sich ein von Idioten bestimmtes Ökosystem entwickelt, das solange Idioten anhäuft, bis es irgendwann ein gefährliches Verhalten aufzeigt.

Das Problem mit der fraktalen Dummheit

Dummes Verhalten kann für ein Individuum schlecht, aber für eine Gruppe vorteilhaft sein, ebenso wie für das Individuum kluges Verhalten, aus Gruppensicht dumm sein kann.

Schauen wir uns als Beispiel eine extrem dumme Einmalaktionen an, nämlich einen Selbstmordanschlag. Die Tat ist einmalig, weil keine zweite Aktion des Dummkopfs möglich ist. Die SITG-Barriere ist für ihn persönlich maximal, aber sehr niedrig für sein persönliches Umfeld. In manchen Kulturen profitiert die Familie des Attentäters nachdem er den Anschlag verübt hat. Sie wird von der extremistischen Gruppe für die sich der Attentäter geopfert hat finanziell unterstützt und genießt ein hohes Ansehen in dem Milieu. Das Skin in the Game des Attentäters nützt nicht viel, weil der positive Gewinn für seine Gruppe, den seines persönlichen Verlusts mehr als wettmacht. Taleb schlägt als Lösung eine Erweiterung der Haftung vor, indem dem Selbstmordattentäter nahe stehende Personen Reparationen zahlen müssen, vergleichbar mit den Reparationszahlungen der Deutschen für die begangenen Nazi-Verbrechen.

Auch das Parteiensystem birgt die Problematik, dass Koalitionen Abgeordnete zwingen dumme Entscheidungen mitzutragen, die sie persönlich wohl nicht treffen würden. Italienische Forscher schlagen daher vor einen Teil der Parlamentsabgeordneten per Losverfahren zu bestimmen. Ein solches Wahlverfahren, das bereits im antiken Athen angewandt wurde, sorgt für die Zufälligkeit, die eine Akkumulation von Idioten in den politischen Institutionen verhindern kann.

Akzeptanz, Offenheit und Toleranz

Dummheit darf nicht stigmatisiert werden. Ist Dummheit gesellschaftlich nicht akzeptiert, führt dies zum Beispiel zu einer falschen Wahrnehmung politischer Ereignisse und deren Fehlinterpretation.

Kommentatoren in unseren Medien beschweren sich über den weit verbreiteten Glauben an Verschwörungstheorien in der Bevölkerung. Ihre Sorgen sind durchaus legitim, aber ihnen entgeht bei der Sache der entscheidende Punkt. Für einen Beobachter stehen nur zwei plausible Erklärungen parat, wenn er das Versagen von Regierungen und Behörden sieht. Entweder die Verantwortlichen handeln mit einer bösen Absicht so inkompetent oder sie sind dumm. Es gibt keine andere Erklärung.

Journalisten, Politiker und Funktionäre sollten ihre eigene Dummheit anerkennen, wenn sie Fortschritte im Kampf gegen Verschwörungstheorien erzielen wollen. Niemand ist schuld daran dass er ein Dummkopf ist, aber er ist verantwortlich es einzugestehen und darüber Zeugnis abzulegen, wenn erforderlich.

Benign Bullshit

In den 90er-Jahren etablierten zahlreiche Privatsender seichte Talkshow-Formate, woraufhin deutsche Intellektuelle die Nase rüffelten. Ich muss zugeben, es hat etwas Befremdliches an sich, Ronnys Meinung zu Themen wie „Warum kriegst Du alle Typen ab? Du bist doch ein Luder" anhören zu müssen, aber diese Art von Bullshit scheint vielen Menschen zu gefallen. Auf den ersten Blick haben solche Formate keinerlei Nutzen für die Gesellschaft, aber befasst man sich eingehender mit dem Studium der menschlichen Dummheit, ändert sich diese Perspektive schnell. Ein gewisser Teil der

Bevölkerung ist nachweislich dumm und wird von diesem Bullshit davon abgehalten sich mit ernsten Themen zu beschäftigen. Sie mögen es nicht wahrhaben, aber sowohl ein x-beliebiger Fankult als auch die Beschäftigung mit Jennifer Lopez Hintern können Menschenleben retten.

Rory Sutherland spricht von „Benign Bullshit", wenn er guten und netten Bullshit beschreibt. Menschen mögen Bullshit. Die zahlreichen unsinnigen Rituale und Betätigungen des Alltags sorgen für die kleinen Freuden im Leben und können eine angenehme Umgebung schaffen, die eine bessere Teamarbeit ermöglicht oder den Mut von Menschen steigert. Da auch Dummköpfe von Bullshit angezogen werden, ist es wichtig diesen von kritischen Bereichen fernzuhalten.

Dumme Menschen mit unsinnigen aber harmlosen Tätigkeiten zu beschäftigen ist eine Strategie dafür. Dies ist eine Konsequenz, die sich unmittelbar aus Brandolinis Gesetz ergibt.

Eine wertvolle Information

Es ist sicher dass die dumme Person früher oder später scheitern wird. Man kann darauf wetten. Man kann davon profitieren. Wenn viele dumme Personen eine Sache befürworten ist das ein Signal.

Dummheit ist ein Indikator. Aber das genaue Gegenteil von einer dummen Person zu tun ist niemals ratsam. Dumme Menschen können per Zufall oft richtig liegen und der Indikator dient eher als Warnung, und nicht als Strategie.

Gebt ihnen eine Bühne und ein Mikrofon

Man muss einen Dummkopf nicht immer bloßstellen, unter manchen Umständen reicht es ihm die Möglichkeit einzuräumen dies selbst zu tun. Dumme Personen geben oft Dummes von sich und diskreditieren sich selbst. Gerade bei Auseinandersetzungen in der medialen Welt lässt sich von Idioten Profit schlagen. Generell ist der öffentliche Streit mit einem Dummkopf ein guter Streit, natürlich unter Voraussetzungen.

Erst einmal verhält sich der Dummkopf vorhersehbar, wenn man dahinter gekommen ist, dass er dumm ist. Um dies auszunutzen muss man ihn in eine Situation bringen, in der er unausweichlich einen dummen Kommentar zu einem brisanten Thema abgibt.

Voraussetzung dafür ist, dass die dumme Person nicht in der Lage sein darf einem, persönlich physische Gewalt zuzufügen. Außerdem darf sie keinen Zugang zu einem Reservoir an dummen

Menschen haben, die sie durch mediale Reichweite mobilisieren kann. Dies bedeutet, dass bei Kategorie-III-Idioten von dieser Taktik abzuraten ist (außer man nimmt für sich selbst ein erhöhtes Risiko in Kauf).

Dummheit unter Kollegen und Mitbürgern

Nicht-dumme Menschen sollten die Gesellschaft von Idioten im Privat- und Berufsleben so gut es geht meiden. Wer mit einem Idioten Zeit verbringt, passt sich ihm entweder an, oder erleidet durch den Kontakt physische und psychische Schäden. Niemand möchte der Gesellschaft von dummen Personen zu lange ausgesetzt sein.

Es ist aber leider nicht zu vermeiden, dass Idioten in einer Organisation vorhanden sind. Laut Cipolla sind dumme Menschen in jeder Gruppe, egal wie groß oder klein, gebildet oder ungebildet mit einer konstanten Quote σ vertreten. Bei σ handelt es sich um eine natürliche Konstante die nicht beeinflusst werden kann. Der ernüchternde Schluss lautet, dass jede Organisation mit der Präsenz von Idioten leben muss. Daher muss jedes Unternehmen und jede Institution mit dem richtigen Umgang mit dummen Personen vertraut sein.

Und dieser Umgang ist an die jeweilige Kategorie des Idioten gebunden:

I:

Braucht Anleitung, gefestigte Strukturen und klare Abläufe sonst überarbeitet er sich oder bekommt Haltungsschäden. Er verbreitet jedes Gerücht ohne es zu hinterfragen und heizt die interne Gerüchteküche an. Er kann (ungewollt) sehr lästig sein, mit seinem mangelnden Verständnis einfachster Zusammenhänge. Damit muss jede Organisation leben lernen.[2] Gegen den Kategorie-I-Idioten ist kein Kraut gewachsen. Wie der grippale Infekt, der Durchfall, oder die Mückenplage gehört er zum notwendigen Übel das Menschen in ihrem Alltag (vorübergehend) ertragen müssen.

II:

Eine Beschäftigung oder Partnerschaft mit ihm ergibt nur Sinn, wenn er eine Domäne hat in der er wirklich Ergebnisse liefert und eigenständig arbei-

---

[2] Vermutlich sind Kategorie-I-Idioten sogar notwendig um einen flüssigen Ablauf von Unternehmensprozessen zu garantieren, ähnlich wie es Alvesson und Spicer mit ihrem Ansatz der funktionellen Dummheit in Organisationen formulierten.

ten kann ohne zu viel Kontakt zu Kollegen zu haben. Ansonsten müssen Wege gefunden werden eine unbeschadete Trennung von ihm zu ermöglichen. Es ist zu empfehlen ein Frühwarnsystem im gesamten Personalprozess zu etablieren, das frühzeitige Indikatoren für Kategorie-II-Idioten erfasst.

Umberto Eco hat mal Soziale Medien als die Invasion der Idioten bezeichnet. Und sie sind das bevorzugte Revier des Kategorie-II-Idioten. Gegen diese unangenehmen Zeitgenossen helfen nur der Block-Button und wohlformulierte (als auch abwechslungsreiche) Beleidigungen.

III:

Er ist genauso eine intolerante Minderheit wie der Kategorie-II-Idiot, der Probleme verursachen kann. Seine Zahl ist in einer Organisation möglichst gering zu halten. Zum Beispiel könnte eine Quotenregelung eingeführt werden (Maximal X Kategorie-III-Idioten je 1000 Mitarbeiter). Für seine Beschäftigung muss ebenfalls eine geeignete Nische gefunden werden in der er harmlos ist.

In den Sozialen Medien sind Kategorie-III-Idioten oft die, welche einen Mob anstacheln und anführen. Gegen den Mob ist neben den unter „II" beschriebenen Methoden, eine zusätzliche „Fuck-

You-Attitüde" notwendig, da eine ganze Horde Kategorie-II-Idioten einen erwartet und einiges an Ausdauer erfordert.

IV:

Der Kategorie-IV-Idiot ist von wichtigen Entscheidungen fernzuhalten. Er ist (vergleichsweise) harmlos wenn er Gehäuse zusammenschrauben oder Toiletten putzen darf, aber er darf unter keinen Umständen die Möglichkeit besitzen Entscheidungen zu treffen, die einer Organisation teuer zu stehen kommen könnten oder gar ihre Existenz bedrohen würden!

Privat ist er extrem langweilig und daher lediglich eine temporäre Bedrohung für die Lebensfreude aller Anwesenden.

Schlusswort

Mit steigender Vermehrung und Vernetzung des Menschen, wächst der potentielle Schaden den eine dumme Person anrichten kann. Daher haben wir in den letzten Jahrzehnten ein Wachstum der Konsequenzen menschlicher Dummheit erlebt, das sich weiter fortsetzen kann, wenn nicht angemessen reagiert wird. Ein paar grundlegende Konzepte wurden in dieser kurzen Einführung in die Thematik angesprochen. Vor allem Ansätze mehr Skin in The Game in Institutionen zu implementieren ist vielversprechend. Das Studium der menschlichen Dummheit befindet sich aber noch in seinen Kinderschuhen. Die Hoffnung bleibt, dass das Thema in Zukunft mehr Resonanz in akademischen Kreisen finden kann.

Anmerkungen

Ein paar generelle Erläuterungen zu den Diagrammen:

Jemand der verrückt ist handelt anders als eine dumme Person. Bei verrückten Personen macht eine eindimensionale Nutzen-Schaden-Analyse keinen Sinn. Der Eigen- und Fremdschaden, den verrückte Menschen in Kauf nehmen ist für sie belanglos, weil ihr Nutzen auf einer völlig anderen Domäne überwiegt. Sie opfern ihr ganzes Geld für den Kick oder ihr ganzes Volk für den Ruhm, weil diese im Vergleich dazu keinen Wert für sie haben. Ihr Wertesystem ist korrumpiert. Im Gegensatz dazu tut es einer dummen Person durchaus weh, wenn sie ihr Geld verliert oder unnötige Menschenopfer verursacht.

Cipollas Diagramm bezieht sich auf Intentionen die damit verbunden sind einen (objektiv messbaren) Nutzen zu erzielen. Verrückte Menschen spielen in einem anderen Spiel (sie liegen entlang der Extrempunkte der y-Achse).

Literatur

Alvesson, M., & Spicer, A. (2012). A Stupidity-Based Theory of Organizations. *Journal Of Management Studies*, pp. 1194-1220.

Cipolla, C. M. (2019). *The Basic Laws of Human Stupididty.* London: WH Allen.

Livraghi, G. (2009). *The Power of Stupidity.* Pescara: M&A publishers.

Mella, P. (2017). Intelligence and Stupidity. *Creative Education*, pp. 2515-2534.

Pluchino, A., Garofalo, C., Rapisarda, A., Spagano, S., & Caserta, M. (2011, Oktober 15). Accidental Politicians: How Randomly Selected Legislators can Improve Parliament Efficiency. *Physica A: Statistical Mechanics and its Applications*, pp. 3944-3954.

Sutherland, R. (2019). *Alchemy. The Surprising Power of Ideas That Don't Make Sense.* WH Allen.

Taleb, N. N. (2008). *Narren des Zufalls. Die verborgene Rolle des Glücks an den Finanzmärkten und im Rest des Lebens.* Weinheim: Wiley-VCH Verlag.

Taleb, N. N. (2018). *Skin in the Game. das Risiko und sein Preis.* München: Penguin Verlag.

Taleb, N. N. (2019, Januar 2). *IQ is largely a pseudoscientific swindle*. Retrieved from Medium: https://medium.com/incerto/iq-is-largely-a-pseudoscientific-swindle-f131c101ba39

Theophrast. (2022). *Charaktere.* Stuttgart: Reclam.

Weitere Bücher von Ioannis Alexiadis

Die bessere Gesellschaft und ihre Freunde

Ideologie als fehlgeleiteter Fortschrittsglaube

Nahezu jeder Mensch in unserer Gesellschaft ist für Fortschritt. Einem nicht unwesentlichen Teil dieser Menschen sind jedoch die möglichen Fallstricke auf dem Weg zum Paradies nicht bewusst. Sie nutzen zu eng definierte Kategorien, überspringen notwendige Entwicklungsschritte, hegen ein naives Vertrauen in den Fortschritt und verfehlen dadurch ihre hoch gesteckten Ziele. In ihrer Welt ist kein Platz für unlösbare Konflikte und die widersprüchliche Natur des Menschen. Bei ihrem Versuch Menschen aus ihrer Unterdrückung zu befreien, erschaffen sie neue Formen der Unterdrückung. Ab wann wird der Wille Gutes zu tun zur gefährlichen Ideologie? Und wie erkennen wir wirklich gefährliche Ideologen ohne uns mit belanglosen Grabenkämpfen um Nichtigkeiten herumzuschlagen?

ISBN: 978-3-347-78775-9

Weitere Bücher von Ioannis Alexiadis

Grundlagen des Entdeckens

Kreativität &
Urteilsvermögen

Es gibt vieles zu entdecken in der Welt. Wie gelangt man aber zum Ziel, wenn man noch gar nicht weiß wo man genau hinwill. Ein Entdecker sieht und nutzt Dinge, die andere Menschen übersehen. Während Kreativität Möglichkeiten zu Tage fördert, erlaubt Urteilsvermögen sich auf das Wesentliche zu konzentrieren. Diese beiden Fähigkeiten sind entscheidend um Wertvolles entdecken zu können.

ISBN: 978-3-347-72090-9

Zeitfracht Medien GmbH
Ferdinand-Jühlke-Straße 7
99095 Erfurt, Deutschland
produktsicherheit@kolibri360.de